Jaroslav Vrchlický

Satanella

Oper in drei Akten

Jaroslav Vrchlický

Satanella
Oper in drei Akten

ISBN/EAN: 9783743699847

Hergestellt in Europa, USA, Kanada, Australien, Japan

Cover: Foto ©Thomas Meinert / pixelio.de

Weitere Bücher finden Sie auf **www.hansebooks.com**

Satanella

Oper in drei Akten

von

E. N. v. Reznicek.

❦

Text nach der Grün'schen Übersetzung des Epos
von Vrchlicky von E. N. von Reznicek.

Prag 1888.
Selbstverlag von E. N. v. Reznicek.
Druck v. Steinhauser & Novak.

Perſonen:

Der Großmeiſter des Johanniterordens.
Roderigo Gonvacales, ein junger Ordensritter.
Raphael, der Leibpage des Großmeiſters.
Vier Mönche.
Ein geſpenſtiſcher Sänger.
Satanella, eine junge Zigeunerin.

Der Herold der Johanniter. Ordensritter. Biſchof und
Geiſtlichkeit. Volk. Zigeuner. Pagen. Unſichtbarer Geiſter-
chor. Henker. Kriegsvolk etc. etc.

Ort der Handlung: Inſel und Stadt Rhodus.
Zeit: 1200 nach Chriſti.

Vorspiel.

Wolkenvorhang möglichst nahe dem Vordergrund zu. Dunkelheit. Kurz nach dem Aufgeben des Vorhanges öffnet sich eine Versenkung in der Mitte des Raumes und steigt magisch beleuchtet der Geist des Sängers langsam empor.

Der Sänger.

Entstiegen bin ich ew'gen Flammen,
Rachewerk auf Erden üben,
Ist die Aufgab' mir gestellt —
Dann erst kann zur heißersehnten
Ruhe legen ich mein Haupt.

Unsichtbarer Geisterchor. (In der Höhe.)

Hast die Vergeltung du vollbracht,
Dann wird auch dir die ew'ge Ruh.
Entsteig,
Entfleuch,
Vollend,
Vergilt!

(Der Sänger schreitet langsamen Schrittes rechts in die erste Coulisse. Der magische Schein erlischt, um dem hellen Sommernachmittagssonnenschein Platz zu machen. Während des ganz kurzen Zwischenspieles hebt sich der Wolkenvorhang. Verwandlung.)

Erster Act.

Freie Wiese in der Nähe der Stadt Rhodus. Im Hintergrunde die romantisch zerfallenen Ruinen eines Klosters. Links im Vordergrund eine Rasenbank, von wilden Rosen reich umblüht. Ueppige, südliche Vegetation. Später Nachmittag. Wenn der Vorhang aufgeht, ist die Scene von festlich geschmückten, sich in allerhand Spielen u. s. w. lustig ergehenden Volksgruppen erfüllt.

1. Scene.

Chor des Volkes.

Sankt Johannis heil'ger Tag!
In Rosen prangt der duft'ge Hag!
Laßt alle Leiden, alle Schmerzen —
Der Lust, dem Spiel nur weiht die Herzen!

Männer.

Des wilden Türken Macht ist längst gebrochen,

Frauen.

In heiligem Frieden wirken wir und weben

Männer.

Am Halbmond ward das Christenkreuz gerochen.

Frauen.

Die schönsten Rosen wir in's ird'sche Leben

Männer.

Drum dankt dem Herrn in brünstiger Frömmigkeit,

Alle.

Den Kaiser preist, den Schirm der Christenheit. —
Sankt Johannis heil'ger Tag!
In Rosen prangt der duft'ge Hag!
Laßt alle Leiden, alle Schmerzen, —
Der Lust, dem Spiel nur weiht die Herzen!

Chor der Zigeuner.

(hinter der Scene, von den Ruinen her klingend.)
Holla! holla! Schwarzbraune Maid!

Einige.

Doch horch: welch seltsam wilde Klänge?
Dem Cymbal einen sich Gesänge,
Gesungene Seufzer, Thränen gar —

Andere.

S'ist der Zigeuner nächtliche Schaar!

2. Scene.

(Die Zigeuner eilen vom Hintergrunde her auf die Scene und
beginnen, von neugierig gaffendem Volk umringt, sofort ihren
Reigen. Ballet.

Chor der Zigeuner I.

Holla, Holla! Schwarzbraune Maid!
Löse der Haare Fluth, schürze das Kleid.
Hörst du des Cymbals fröhliche Klänge,

Seufzer der Fiedel, Zigeunergesänge?
Holla! Holla! Schwarzbraune Maid!
Hörst du die Töne? Herbei! Es ist Zeit!
Wiege die Glieder im feurigen Tanz, es
Strahle dein Auge berückenden Glanz!

3. Scene.

(Das Ballet hat plötzlich aufgehört. Satanella tritt auf. Sie
stellt sich in die Mitte der Bühne in den Vordergrund, singend
und mit dem Tambourin ihren Tanz begleitend. Dieser letztere
darf nur in einem Wiegen und Schmiegen der Glieder und
Hüften bestehen. Die Füße müssen vollkommen unbeweglich
bleiben.)

Satanella.

Braunes Mädchen dreht sich im Tanz.
Ihrer Augen Strahlenglanz,
Ihrer Haare schwarzblaue Fluth,
Ihres Busens Flammengluth

(Während des folgenden Ensembles setzt sich das Ballet der
Musik entsprechend [Tarantella] fort.)

Den Sinn dir berückt,
Das Herz dir entzückt!
Ein heiß' Begehren
Will dich verzehren!
Den Haß und die Liebe,
Die Trauer, die Lust —
Du fühlst alle Triebe
Der Menschenbrust,
Wenn Füßchen fliegen,
Die Glieder sich biegen,
Die Hüften wiegen
Und Arme sich schmiegen —

(Hier tritt Roderigo wie zufällig auf und erblickt Satanella
mit den Ausdrücken freudigster Betroffenheit.)

Denn das ist der braunen
Zigeunerin Sprache,
Sie tanzt ihre Launen,
Sie tanzt ihre Rache;
Sie tanzt ihre Liebe,
Die Trauer, die Lust,
Sie tanzt alle Triebe
Der Menschenbrust.

Chor der Zigeuner II.

Braunes Mädchen dreht sich im Tanz,
Ihrer Augen Strahlenglanz,
Ihrer Haare schwarzblaue Fluth,
Ihres Busens Flammengluth —
Sie berücken, entzücken dich ganz,
Jüngling, o Jüngling! sei auf der Hut!

4. Scene.

Roderigo.

S'ist Satanella! Ha welch' Glück!

Satanella.

Braunes Mädchen dreht sich im Tanz.

(Hier erblickt auch Satanella ihren Geliebten. Sie zuckt eben-
falls im freudigen Schreck zusammen und fährt mit gesteigerter
Betonung fort. Das Ballet hört plötzlich auf.)

Roderigo.

Nach Jahresfrist kehrt sie zurück,
Sie kehrt mir wieder zur Ros' erblüht,
Die kaum als Knospe von mir schied.

Satanella.

Doch ihrer Augen Strahlenglanz,
Ihrer Haare schwarzblaue Fluth,

Ihres Busens Flammengluth —
Sie glänzen und fließen und glühen

nur dir —

Mein süßer Geliebter! Erwarte mich hier!

(Mit dem Folgenden setzt sich das Ballet wieder fort.)

Satanella.

Bei Sternenglanz und Mondenschein —
Dann tanz' ich dir in's Herz hinein.

Roderigo.

Bei Sternenglanz und Mondenschein
Erwart' ich dich hier, Herzliebste mein!

(Er geht rasch ab. Auch Satanella verschwindet unbemerkt
im Gewühle.)

Chor der Zigeuner III.

Dreht euch im Kreise,
Tanzet in Lust!
Zigeunerweise
Schwellet die Brust;
Schwellet die Herzen,
Bannt allen Harm,
Schmilzt euere Schmerzen
In Liebe warm.
Dreht euch im Kreise
Brust an Brust,
Wilder die Weise,
Wilder die Lust.
Dreht euch und drückt euch und küßt euch verzückt:
Zigeunerweise den Sinn berückt!

Chor des Volkes.

Jüngling, o Jüngling! sei auf der Hut!
Liebe und Rache und Trauer und Lust
Schleichen in's Herz dir, durchtoben die Brust.

(Posaunen und Gesang der vier Pestboten hinter der Scene. Der wilde Festesjubel verstummt plötzlich. Die Zigeuner eilen hinweg.)

Die vier Pestboten.

(hinter der Scene.)

Flammender Strahl
Göttlichen Zornes —

5. Scene.

(Der Großmeister, gefolgt von den vier Pestboten, den 4 Po-
saunenbläsern und einiger bewaffneter Begleitung etc. tritt auf.)

Droht eu'ren Häuptern —
Büßet und sühnet!

(Das Volk vertheilt sich in Gruppen und lauscht, theils andäch-
tig, theils neugierig den Worten des Großmeisters.)

Großmeister.

Volk von Rhodus! Ihr, die jetzo
Festgestimmt und freudetrunken
Trunk'ner Lust euch ganz ergeben, —
Fürchterliches Unglück schwebt
Ueber eu'ren sünd'gen Häuptern!
Aus Urals entfernten Steppen,
Nie betret'nem Reich des Nebels
Flog ein Vogel auf zum Himmel,
Riesenhaft, der Welt zum Schrecken!
Dieser Vogel, den man Seuche,
Strafe Gottes nennt, umspannte
Jedes Meer mit seinen Flügeln,
Ueberflog die höchsten Berge.
Hunde heulten, wo er hinflog,
Jammer, Angst und Flüche jagt er
Vor sich hin im wilden Wirrwarr.

Ganze Städte stehen leer am asiatischen Gestade,
Schiffe faulen in den Häfen,
Menschenleiber auf den Straßen.
Und jetzt in der Glut des Juli,
Nähert er sich auch schon Rhodus.
Schweige nun des Festes Jubel.
Thuet Buß' in Sack und Asche!
Morgen wollen wir in feierlicher
Prozession zum Gnadenbilde
Wallen wir der heil'gen Jungfrau,

(Das Volk kniet nieder.)

Daß sie gnädig uns errette,
Abwehr' von der Stadt die Seuche.

Die vier Pestboten und Chor des Volkes.

Flammender Strahl
Göttlichen Zornes!

(Während des Folgenden Großmeister sammt Begleitung ab.)

Chor des Volkes.

Schon' unsere Häupter —
Wir büßen und sühnen.

(Das Volk verläuft sich still. Die Scene bleibt einige Zeit leer.
Landschaftliche und Lichteffecte. Abendroth.

6. Scene.

(Roderigo kommt von rechts, langsamen Schrittes, versunken.)

Roderigo.

Heute, glaub' ich, sind's drei Jahre,
Daß ich sie zuerst gesehen.
Damals — 's war zur Morgenumschau —
Sah ich in der Wachtstub' Nähe
Ein barfüßig' Mädchen stehen,
Zart von Körper, der in's bunte

Kleidchen schien wie eingehaucht. Der
Schwarzen Haare dichten Zopf nur
Lose barg ein rothes Tüchlein.
Als ich nahte, hob sie lächelnd
Ihre funkensprüh'nden, großen
Augen, reicht' mir eine Blume,
Felserblüht und seltsam duftend,
In ein weißes Band geflochten.
Ich liebkost' die bunten Blüthen,
Neigt zu ihr mich, bis mit meinem
Haar ich ihre Stirn berührte.
Und von nun an, alle Tage,
Stand beim Thor der Citadelle
Das barfüß'ge braune Mädchen.
So auch heut' nach langem Winter
Satanella kam mit Blüthen.
Aber Himmel nicht ein Kind mehr,
Nein, ein Weib in voller Schönheit!
Nicht mehr eine zarte Knospe,
Eine dunkle duft'ge Rose, —
Kein verschämtes Kind mehr, eine
Maid, die frohverwirrt die Augen
Senkt im Augenblick des Glückes.
Zarte Lippen, die vordem nur
Schmalen Streifen aus den Blättern
Wilder, blasser Rosen glichen,
Schwellen jetzt in voller Blüthe.
Sieh! die Knospen ihres Busens
Sind erblüth zu üpp'gen Wellen
Und ihr Haar, das gleich drei Kränzen
Früher um ihre Stirn sich schmiegte,
Wie ein Rahmen sicher wallt es,
Aufgelöst, in hundertfacher
Fluth bis zu den Fersen nieder!
O Satanella! Satanella.

7. Scene.

(Satanella eilt von den Ruinen her, allwo das Lager der Zigeuner angenommen wird, mit ausgebreiteten Armen auf Roderigo zu.)

Satanella.

Hier bin ich —

Roderigo.

Endlich halt' ich

Dich —

Satanella.

O mein Roderigo!

Roderigo.

Meine

Satanella!

Satanella.

Herz an Herz —

Roderigo.

Und

Brust an Brust!

Satanella.

Mein süßes

Leben

Roderigo.

Du mein Alles!

Beide.

Endlich

Halt' ich dich und laß' dich nimmer!

Satanella.

Deines Herzens Schläge fühl' ich
Zittern an dem meinen,

Roderigo.

Deines
Busens Wogen brandet heiß an
Meiner Brust.

Satanella.

Und deines Athems glüh'nder
Strom berückt die Sinne mir

Roderigo

Und
Deiner Lippen Rosenpaar, sie
Öffnen mir den Himmel ganz und
Gar.

Satanella.

So Kuß um Kuß —

Roderigo.

Und Brust an
Brust —

Beide

So ganz vereint in süßester
Liebe Wonneschauern — so —

Roderigo

Mein
Leben —

Satanella.

Du mein Alles —

Roverigo.

meine

Satanella —

Satanella.

Mein Roverigo —

Beide

So vereint laß uns sterben!

(Nachdem sie eine Weile verzückt, in innigster Umarmung ge-
standen, reißt sich Satanella los.)

Satanella.

Sterben? Nein! Wir wollen leben —
Leben nur für uns und unsere Liebe!

(Roberigo zuckt zusammen.)

Roverigo.

(Traurig.)

Leben?! — Weißt du auch, mein
Braunes Mädchen, daß Johanni's
Heil'ger Orden mit dem Tode
Straft das sünd'ge Liebbegehren?
Weißt du, daß ein fürchterlicher
Eidschwur ewig mir verwehrt der
Zarten Minne Liebesfreuden?
Hundertfach schon hab' bereut ich
Meines Standes streng' Gelübde,
Hundertfach verflucht den schwarzen
Mantel, der vor meinem Glück, wie
Eine Wetterwolke, trennend
Steht — es einzuhüllen droht, gleich
Einem dunklen Leichentuche.

(Er hat sich halb abgewendet und bedeckt sein Gesicht mit den
Händen. Satanella nähert sich ihm und liebkost ihn etc. etc.)

Satanella.

Süßer Mann! Bei deinen Worten,
Schaurig, eisig mir erklingend,
Fühl' ein bitter, schneidend' Weh'
Ich meine bange Brust durchzittern.
Nur ein arm' Zigeunermädchen
Bin ich. Nicht versteh' ich eu'rer
Fürchterlichen Welt Gesetze;
Nicht ermessen kann ich ihrer
Strenge Unerbittlichkeit.
Eines nur allein erkenn' ich:
Theuer bist du mir für ewig,
Lieben muß ich, wenn ich leben will.

Roberigo.

Ach so süß von ihren Lippen
Du illt der Liebe süße Sprache.

Beide.

Theuer bist du mir für ewig,
Lieben muß ich, wenn ich leben
Will, nur dich allein, mein theures,
Angebetet süßes Leben!

(Sie fallen sich im höchsten Entzücken in die Arme. Der volle
Mond bricht aus den Wolken hervor und beleuchtet magisch
das Liebespaar und die Scene. Während des Folgenden erscheint
der gespenstische Sänger von rechts, in der Mitte der Bühne
und bleibt einen Augenblick stehen, das Liebespaar betrachtend.)

Roberigo.

(Die kaum wiederstrebende Satanella zur Rasenbank führend.)

O trauter Strahl!

Satanella.

Gestirn der Liebenden!

Roberigo.

Komm' süßes Lieb!

(Satanella hat sich auf die Rasenbank gesetzt, Roberigo liegt ihr zu Füßen. Der Sänger ist, nachdem er vor dem Prospekt eine beschwörende Bewegung gemacht, quasi unter deren Einfluß die Ruinen, angenommen u. durch die Wachtfeuer der Zigeuner dunkelroth, aber nicht zu aufdringlich beleuchtet werden, gegen den Hintergrund zu verschwunden.)

Chor der Zigeuner.
(Hinter der Scene.)

Holla! holla! Schwarzbraune Maid!

Roberigo.
(Flüsternd.)

Liebst du mich o Satanella?

Satanella.

Ja ich lieb' dich, mein Roberigo!

Chor der Zigeuner.
(Hinter der Scene. Ganz von Ferne.)

Komm' zum Geliebten! Komm' es ist Zeit!

Satanella (flüsternd).

Sage, liebst du mich Roberigo?

Roberigo.

Ja ich lieb' dich Satanella.

Satanella.

Sprich auf ewig —

Roberigo.
ewig —

Beide
ewig.

(Der Vorhang fällt bis zum letzten Takte des Nachspiels ganz langsam, dann rasch.)

Ende des ersten Actes.

Zweiter Act.

Romantische Stelle in Mitten der Klosterruinen. In der Mitte der Bühne steht ein kühner, halb verfallener, oben mit der Verbindung gegen den Hintergrund zu prakticabler Bogen, in dessen Wölbung, beiläufig zwei Meter über dem Erdboden, ein altes Marienbild, ganz von wilden Schlingrosen umwuchert, steht oder hängt. Auch die übrigen Ruinentheile sind reich mit Blumen und lang darnieder hängendem, gelben Grase bewachsen. Helllichter Mittag. Heißes Sommerweben der Natur. Wenn der Vorhang aufgeht, liegt Satanella, malerisch den Kopf auf eine Hand gestützt, auf dem Bogen gerade über dem Marienbilde.

1. Scene.

Satanella.

(Träumerisch, in Gedanken versunken, vor sich hin summend.)

Romanze.

Täglich die Zigeunerbraut
Seufzend in die Weite schaut.
Dort, wo dunkle Weiden rauschen,
Siehst du stehen sie und lauschen.

Ach! es war ja jener Ort,
Wo er sprach das letzte Wort;
Seines Haar's blauschwarze Strähne
Trockneten die letzte Thräne;

2

Seine Lippen, heiß verzückt;
Letzten Kuß ihr aufgedrückt
Und das letzte Brust an Brust
Sie berauscht mit Himmelslust.

Täglich die Zigeunerbraut
Seufzend in die Weite schaut.
Dort siehst stehen sie und lauschen
Und die dunklen Weiden rauschen:
„Dein Geliebter kehrt dir nimmer
Armes Mädchen geh' zur Ruh —
Dort, im ew'gen Sternenschimmer
Dort find'st deinen Liebsten du!" —

(Pause.)

Warum nur heute dieses Lied
Mit seiner düstern Melodei
Die Sinne mir befangen hält,
Mich zwingt in dumpfer Trauer Bande,
Verscheucht des Frohsinns munt're Laune?
Will ich denn grübeln, trauern? — Nein!
Nur jauchzen will ich ja und jubeln
Und hundertfach zurück verlangen
Des Glückes Wiederhall vom Echo,
Dem jauchzend ich entgegen rufe:
Ich liebe und ich bin geliebt! —
Doch in des Glückes Freudenbecher,
Den nur in Lust ich hofft' zu leeren,
Ist neidisch schon der bitt're Tropfen,
Der wehmutsreiche, schon gefallen:
„Hundertfach verflucht der schwarze
Mantel, der vor meinem Glück, wie
Eine Wetterwolke, trennend,
Steht, es einzuhüllen droht, gleich
Einem dunklen Leichentuche." —

———

Täglich die Zigeunerbraut
Seufzend in die Weite schaut —

Ach! —
Was seh ich dort auf jener Rose
Gaukelnd wiegen sich und schaukeln?
Ein großer, schwarzer, Falter ist's
Mit weißgesäumten, sammt'nen Flügeln!
Jetzt hebt er sich — er will entfliehen.
Schöner Falter
Setze dich!
Warte nur —
Jetzt hasch' ich dich!
(Sie stürzt sich auf den Falter, verfehlt ihn aber und er fliegt
davon.)
Ha! ha! Er ist entflohen! Ha! ha!
Ha! ha! ha! ha! ha! ha! ha! ha! ha!.....
Wie jubelnd mir das Lachen aus
Der Kehle fließt! und es mir fällt,
Wie Bergeslast von meiner Brust,
Als hätt' der Trauer schwarzer Falter
Mit sich entführt auch meine Trauer!
Nur deiner Liebe, süßer Mann,
Nur dir mein Denken sei geweiht,
Denn theuer bist du mir für ewig,
Lieben muß ich, wenn ich leben will,
Nur dich allein, mein theu'res, einz'ges
Angebetet', süßes Leben, mein Roberigo!

2. Scene.
(Trommeln und Posaunen hinter der Scene.)

Die vier Pestboten.
(Hinter der Scene.)

Flammender Strahl, etc.

2*

Satanella.

Doch halt! was ist das? Welche Klänge,
So feierlich und dumpf zugleich,
Hör' ich erschallen? Ein langer Zug
Von Priestern, Rittern, Mönchen, Volk
Gleich einer ries'gen Schlange wälzt
Er durch die Felder, von der Stadt
Sich her. Heißa! Wie prächtig flimmern
Im Sonnenschein Standarten, Waffen,
Kleinodien, Gold und auch — wie drollig —
Die hohe Müg' des Einen und
Dieser Schwarzen kahle Glatzen!

(Bei den Worten Satanella's: „Von der Stadt sich her" und
dem Eintritt des Marsches eröffnet der Herold der Johanniter
zu Pferd den Zug, welcher in folgender Reihenfolge erscheint:
Eine kleine Abtheilung Bewaffneter, Kirchenfahnen, Standarten und Insignien, weißgekleidete Jungfrauen, Söldner und
Landsknechte, der Bischof unter einem prächtigen Baldachin,
ihm zur Seite zwei Diakone, welche ihm mit Pfauenwedeln
Kühlung zufächeln. Er trägt das Allerheiligste und ist umgeben
von der übrigen Geistlichkeit, welche aus zahlreichen Weihrauch-
fässern einen dichten Rauch aufsteigen läßt. Diesen folgt:
Der Großmeister der Johanniter, auf weißem Roße, deßen
goldene Zügel, sowie die weit herunter hängende Schabracke von
vier Edelknaben (darunter Raphael) gehalten werden; dann
der Convent der Johanniter, worunter Roberigo, Mönche ver-
schiedener Orden, ein größerer Haufen Bewaffneter und schließlich massenhaftes Volk. Satanella sieht all' diesem höchlich erstaunt
und erfreut von ihrem erhöhten Standpunkt aus zu. Sie lacht,
klatscht in die Hände, abwechselnd ihre drolligen Bemerkungen
machend und Datteln verzehrend, deren Kerne sie in kindischer
Spielerei reihenweise vor sich auf den Felsen legt. Alles dies
muß äußerst naiv und unschuldig herauskommen.)

Ha! Ha . . . .
Wie freut mich der prächtige Anblick!

Chor des Volkes.

(Hinter der Scene.)

Laßt uns zieh'n zum heiligen Bilde
Der gnadenreichen Jungfrau, der
Wunderthätigen Muttergottes,
Daß sie gnädig uns errette,
Abwehr die Seuch' von unseren
Sünd'gen Häuptern. Laßt uns zieh'n!

(Bei den Worten: „Der gnadenreichen Jungfrau" tritt der
Chor auf. Der Zug setzt sich ununterbrochen fort.)

Chor der Mönche, Nonnen und Büßer.

Männer.

Laßt uns beten, fasten, geißeln etc.

Frauen

Laßt uns beten, laßt uns geißeln,
Laßt uns büßen, daß du Heil'ge
Dich erbarmst unserer armen Seelen,
Von uns abwehrst die Schrecken
Der Seuche. verschonst unsere schuldigen
Häupter. Sieh, wir büßen und
Sühnen, wir fasten und geißeln nur
Dir zur Ehr'!

Satanella.

Wie komisch dieser lange Zug
In feierlicher Steifheit schreitet!
Wie dieser Eine drollig nickt
Mit seiner Mütze hoher Spitze.
Und diese runden, feisten Männlein
In ihren langen schwarzen Kutten,
Das Auge fromm zum Himmel drehen.
Und — ach — auch mein Roderigo schreitet

(Der Zug hat sein Ende erreicht. Alles steht gruppirt auf der
Bühne und der Bischof, der mit der Geistlichkeit unter das
Marienbild getreten ist, schickt sich an, irgend eine kirchliche
Handlung zu verrichten.)

Chor der Pestboten.

Flammender Strahl
Göttlichen Zornes —

Allgemeiner Chor.

(Knieend.)

Schon' unsere Häupter, wir —

Satanella.

In Mitten dort der Johanniter,
Die Stirn gelegt in finstere Falten.
Mein süßer Geliebter, warte nur —
Die Falten scheuch' ich dir von hinnen!

(Sie wirft einen Dattelkern auf Roberigo, welcher erstaunt
aufsieht und sie erblickt, worauf Satanella hocherfreut in ein
helles Gelächter ausbricht. Der Choral verstummt plötzlich.
Alles sieht erstaunt auf die bisher unbeachtet gebliebene Satanella. Diese auf's höchste belustigt, nimmt eine ganze Hand
voll Kerne und wirft sie auf den Bischof.)

Ha! ha! ha! ha! ha! ha! ha! ha!

(Allgemeines Entsetzen und Tumult.)

Großmeister.

Auf! Ergreift die Hexe droben,
Die sich kühn hat unterfangen,
Himmels Rach' auf uns're Häupter
Zu beschwören — auf! Ergreift sie!

(Auf die letzten Worte des Großmeisters stürzen sich eilig Bewaffnete von einer minder steilen Seite auf den Bogen, worauf
sich Satanella befindet. Diese flieht aber aufschreiend auf die

andere Seite, wo sich, nachdem sie unten angelangt, das Volk
auf sie stürzt, worauf sie sich zu dem Bischof flüchtet, welcher,
so wie die anderen Geistlichen, im höchsten Grade erschrickt)

Fort in's Feuer mit der Hexe!

(Bewaffnete stürzen sich von allen Seiten auf Satanella, welche
sich am Mantel des Bischofs festklammert)

Allgemeiner Chor.

Fort ins Feuer mit der Hexe!

(In dem Momente, als man Satanella ergreifen will, tritt
Roberigo mit gezücktem Schwert dazwischen.)

Roberigo.

Halt! —
In die Hölle send' ich Jeden,
Der es wagt, ein Haar ihr nur zu krümmen!

(Alle stehen entsetzt und sprachlos. In dem Moment, da Roberigo das Schwert gezogen, erscheint auf dem Bogen, eben dort,
wo Satanella gesessen, das Gespenst des Sängers.)

3. Scene.

Finale

Sänger.

Schon knüpft die Fäden das Verhängniß,
Rachewerk, bald ist's vollbracht.
Herbei, herbei Geister der Rache,
Helft vollbringen mir das Werk.

Großmeister.

O grause That! Sie ist geschehen,
Sie stürzt uns Alle in's Verderben,
Schreit zum Himmel um Vergeltung,
Ruft die Seuch' auf uns're Häupter.

Satanella.

O Unglücksthat, sie ist geschehen,
Sie stürzt uns Alle in's Verderben,
Weh mir armen, armen Mädchen,
Schwer büß' ich den Übermut.

Roderigo.

O rasche That, du bist geschehen,
Du stürzt uns Alle in's Verderben.
Doch zitt're ich nicht, so lang der Arm
Ein starkes Schwert vermag zu führen.

Raphael.

O grause That, sie ist geschehen,
Sie stürzt uns Alle in's Verderben,
Schreit zum Himmel um Vergeltung,
Ruft die Seuch' auf unf're Häupter.

Die vier Pestboten.

O grause That, sie ist geschehen,
Sie stürzt euch Alle ins Verderben,
Schreit zum Himmel um Vergeltung,
Ruft die Seuch' auf eu're Häupter.

Chor.

O grause That, sie ist geschehen,
Sie stürzt uns Alle in's Verderben,
Schreit zum Himmel um Vergeltung,
Ruft die Seuch' auf unf're Häupter.

Sänger.

Erfüllt mit Haß, erfüllt mit Wuth
Die Menschen all', verblendet sie,
Umnachtet sie mit Finsterniß
Des Aberglaubens. Helft ihr Geister!

Großmeister.

Nun auf zur Rach', verbrennt die Hex'!
Streng sei bestraft die Mißethat,
Auf daß sich gnädig Gott erbarm',
Nicht uns vernicht' in seinem Zorn!

Satanella.

O süßer Mann, ich zitt're nicht.
Was auch geschieht, ich bleibe treu
Und wenn die Welt zusammen bricht —
Ich bleibe dein bis in den Tod!

Roderigo.

O zitt're nicht mein süßes Lieb,
Was auch geschieht, ich bleibe treu
Und wenn die Welt zusammenbricht —
Ich bleibe dein bis in den Tod.

Raphael.

Nun auf zur Rach', verbrennt die Hex',
Streng sei bestraft die Mißethat,
Auf daß sich gnädig Gott erbarm',
Nicht uns vernicht' in seinem Zorn.

Die vier Pestboten.

Nun auf zur Rach', verbrennt die Hex',
Streng sei bestraft die Mißethat,
Auf daß sich gnädig Gott erbarm',
Nicht euch vernicht' in seinem Zorn.

Chor.

Nun auf zur Rach', verbrennt die Hex',

Streng sei bestraft die Mißethat,
Auf daß sich gnädig Gott erbarm',
Nicht uns vernicht' in seinem Zorn.

Satanella und Roberigo.

Theuer bist du mir für ewig,
Lieben muß ich, wenn ich leben
Will, nur dich allein mein theu'res,
Angebetet süßes Leben.
O Roberigo ⎱ dich allein!
O Satanella ⎰

Sänger.

Ihr Geister herbei!

Großmeister.

Ergreift sie!

Raphael.

Auf, ergreift die Hex'!

Die vier Pestboten.

Auf, ergreift die Hex'!

Chor.

Auf, ergreift die Hex'!

Sänger.

Seuche herbei!
Geister der Pest
Herbei, herbei!

Allgemeiner Chor.

Weh! die Pest!
Flieht! die Pest!

(Der Sänger verstukt. Ein fahler Schein bricht aus der Höhe heraus. Heulende, zischende Laute werden hörbar. Alles drängt in wilder Flucht zur Stadt zurück. Nur Satanella, Roderigo und der Großmeister bleiben zurück. Auf einen Wink des letzteren stürzen sich Kriegsknechte auf das Liebespaar. Roderigo wird nach kurzem, wüthenden Kampfe überwältigt. Beide werden gebunden und weggeschleppt. Dies alles muß das Werk weniger Augenblicke sein. Der Vorhang fällt rasch.)

Ende des zweiten Actes.

Dritter Act.

Der Conventsaal der Johanniter. Großes steinernes Gemach mit Säulen und Spitzbögen, welche reich mit Mosaik ausgelegt sind. Große Kronleuchter, welche von der Decke niederhängen, spenden reichliches Licht. In zahlreichen Nischen an den Wänden stehen die lebensgroßen Statuen der gewesenen Ordensmeister. An den Säulen befinden sich Trophäen. Wenn der Vorhang aufgeht, sitzt der Ordensmeister auf einem thronartigen Stuhl, die Ordensritter um einen langen grünen Tisch. Pagen und Bewaffnete stehen im Hintergrunde rechts vor der großen Eingangsthüre, hinter welcher das Gefängniß angenommen wird.

1. Scene.

G r o ß m e i s t e r (sich erhebend.)

Gesprochen hat der heilige
Convent des Johanniterordens

(Trommeln und Posaunen hinter der Szene.)

Zu milde zwar dünkt mich der Richtspruch,
Für Roderigo Genvacales,
Doch hat die Mehrheit so beschlossen.

(Zu den Bewaffneten, die vor der Kerkerthüre stehen)

Man ruf' zur Stell' nun die Verbrecher,
Daß ich das Urtheil ihnen künde.

(Posaunen und Trommeln hinter der Szene. Man führt Roderigo, der ohne Mantel und Waffen und ist, Satanella herein.)

Chor der Ritter.

Seht die Hexe Satanella!
Lieblich ist sie anzuschauen,
Einem Engel eher gleichend,
Als der schnöden Braut des Satans.

Großmeister.

Satanella, Hexe, oder Teufelsbraut, —
Wie immer du dich nennen magst —
Weil du durch sündhaft' heidnisch' Lästern
Die heilige Religion
Verspottet und des Himmels Rach',
Die Seuch' auf uns're Häupter hast
Beschworen; weil mit Hexenkunst
Du einen Ritter unseres Ordens
Verleitet hast zu sünd'ger Lust,
Bist du zum Flammentod verdammt.
Vernichtet sei dein Leib zu Asche —
Die Asch' verstreut in die vier Winde.

(Er bricht den Stab über sie. Posaunen und Trommeln hinter
der Szene.)

Chor der Ritter.

Ruhig steht sie und gefaßt,
Teufels Hülfe wol erhoffend.

Roderigo.

Ha! Schändlich, unerhörter Richtspruch!

Satanella.

Sei getrost, o mein Geliebter!
Süßes Loos wird mir zu Theil:
Das Leben laß' ich für die Liebe!

Großmeister.

Roderigo Gonvacales !
Weil entehrt du deines Ordens
Heiligkeit, auf deinen Meister
Zogst das Schwert — weil mit der jungen
Her' du heimlich Umgang hattest,
Schnöde so verletzend deines
Ordens heiligstes Gelübde,
Wardst verurtheilt du zum Tode.
Da in schwerem Kampf jedoch du
Einst vertheidigt deinen Glauben,
Und die Ehre deines Ordens
Gegen die ungläub'gen Türken,
Ward der Richtspruch so gemildert:
Steh'n mußt du entblößten Hauptes
Ohne Mantel, ohne Rüstung,
Strang umgürtet deine Lenden,
Preis des Volkes Aug' gegeben —
Steh'n mußt so du und mit anschau'n,
Wie die Hexe Satanella
Wird geschleppt zum Flammentode.

Großmeister und Chor der Ritter.

Nach Verbrennung Satanella's,
Ausgestoßen, mußt du fliehen
Fried- und ehrlos für dein Leben,
Bis im Kampfe du durch eine
Heldenthat mit deinem Blute
Tilgst des Ordens große Schande,
Tilgst des Herzens schwere Sünde.

(Posaunen u. Trommeln hinter der Szene. Während der Ver-
kündigung des Urtheils für Satanella befindet sich Roderigo
in heftigster Bewegung, welche sich bei seinem Urtheil in bitte-
ren Hohn und kalte Verachtung auflöst. Satanella hält sich
vollkommen ruhig, fromm in ihr Schicksal ergeben, nur hin

u. da liebenden Blickes zu Roderigo anſchauend. Erſt ſpäter,
wenn Roderigo für ſie zu bitten beginnt, werden ihre Bewe-
gungen leidenſchaftlicher u. zwar ſucht ſie Roderigo durch die-
ſelben zu bewegen, vor ſeinem Vorhaben abzulaſſen; die Herzen
der Richter ſeien unerbittlich, ſie habe ſich in ihr Schickſal
gefügt, ſie ſterbe mit Freuden für ihn u. ſ. w. Langes Zwi-
ſchenſpiel.)

Roderigo.

Vor man das Urtheil uns vollzieht,
Vergönn' erlauchter Meiſter mir,
Vergönnt ihr, die ihr ehemals
Mir Brüder waret, gönnt ein Wort,
dem, der für ewig von euch ſcheidet.
Nicht meiner will gedenken ich,
Noch meines Urtheils, des verdienten,
Verſchuldet hab' ich mein Geſchick
Und trag' in Demut meine Strafe.
Doch ſie, die einem Engel gleich
Und unſchuldsvoll ihr ſtehen ſeht,
Vor eu'rem Richterſtuhle, — ſie
Die nur in kindlich frohem Mut,
Erfreuend ſich des prächtigen Aufzug's,
Der Freude kindiſch Ausdruck gab,
So hart zu ſtrafen — hoher Meiſter
Und Ritter des Johanni-Ordens —
Kann nimmer euer Wille ſein!

(Der Großmeiſter macht eine abwehrende Bewegung)

Satanella.

O mein Geliebter! ſuche nicht,
Zu rühren ihre kalten Herzen —
Vergebens iſt Erniederung —

Roderigo (ohne auf Satanella zu hören).

Mein lieber Meiſter, Vater einſt
Geweſen mir, ich flehe dich,

Hier auf den Knien bitt' ich dich:
O mild're dieses Urtheil's Strenge!

Großmeister.

Weß' unterfängst du dich?! Vergißt
Der Hexenzauberkünste du,
Durch die sie zwang in ihren Bann dich?

Roberigo.

O diese Hexenkunstverführung!
Verschlossen leider sind die Herzen,
Die nie geliebt, der Liebe Wundern.
Doch konnte denn dies Kind dafür,
Daß ihre Reize mich entflammten?
Sieh hin! sie ist so schön, so jung —
Nur ich bin schuldig! mich verbrennt!

Satanella.

Laß' ab — ich bitt' dich — mein Geliebter!
(Der Großmeister macht abermals eine abwehrende Bewegung.)

Roberigo.

Ich bitte — ich beschwöre dich . . . . . .

Großmeister.

Hinweg Verblendeter! du rührst
Mich nicht — sie ist verdammt!

Roberigo (sich zu den Rittern wendend.)
O sprecht
Ihr Brüder doch ein Wort und helft
Zu beugen mir, des Meisters Strenge.

Chor des Volkes.

(Hinter der Szene, im Hofe angenommen, schreiend.)

Fort in's Feuer mit der Hexe!

Chor der Ritter.

Hörst du des Volkes Stimme nicht?
Sie ist verdammt, sie ist gerichtet!

Satanella.

Sieh' mich gefaßt — o mein Roberigo!
Bald ist gebracht der Liebe Opfer.

Roberigo (verzweiflungsvoll.)

So ist denn keiner, der mir hilft,
Kein einz'ger Mann denn unter euch?
Seid ihr, die Ritter Sanct Johanni's,
Herabgesunken feig zu Memmen,

Satanella.

Halt ein, o mein Geliebter!

Die Ritter, (die Schwerter ziehend und auf Roberigo eindringend.)

Ha, Schändlicher! Verruchter! Eidbrüchiger!

Großmeister.

Er ist behext! Laßt toben ihn —
Wenn sie verbrannt, löst sich der Zauber.

Roberigo.

Die scheu das Kreuz vor Hexen schlagen,
Die Wuth an einem Weibe kühlen!?
Seid denn verflucht, verflucht, verflucht!

Aus dieses Holzstoß's Feuergluthen
Steig' siegreich auf zu ewigen Höhen
Der heiligen Wahrheit Flammengarbe,
Durchstrahlend die Jahrhunderte!

Satanella.

So laß' ich denn mein junges Leben
Für meine Liebe. Süßeren Tod,
O mein Geliebter, konnt' ich nicht
Erhoffen. Laß' die Bitten, laß'
Das Toben: Deine Satanella
Ist glücklich, denn sie stirbt für dich. —

Großmeister.

Er ist behext! Laßt toben ihn —
Wenn sie verbrannt, löst sich der Zauber.
D'rum rasch an's Werk, verbrennt die Hexe!

Großmeister.
Schleppt sie zum Tode!

Satanella.
Ich bin bereit!

Roberigo.
Seid denn verflucht!

Chor der Ritter.
An's Werk!

(Alle langsam ab. Zuerst Roberigo und Satanella, geführt von
Bewaffneten, dann die Ritter und die Übrigen. Nur der
Großmeister bleibt zurück.)

Chor der Ritter (im Abgehen.)
Sie ist verflucht, sie ist verdammt,
Im Namen Gottes — Amen.

(Der Großmeister hat einige Zeit, in tiefen Gedanken vor sich
hinstarrend, auf seinem Sitze verweilt. Dann steigt er herunter,
geht einige Schritte und läßt sich dann schwer in einen anderen Lehnstuhl fallen. Die Kerzen der Kronleuchter verlöschen eine
nach der anderen, bis auf wenige. Es herrscht im Saale ein
unbestimmtes Dämmerlicht.)

2. Scene.

Großmeister.

Warum legt sich's so dumpf und schwer
Mir auf die Brust? Wie trübe Ahnung,
In banger Zukunft Dämmerschein
Beginnt's zu grauen mir. Die Liebe
Roberigo zum Verhängniß ward — —
Die Liebe! — Hat nicht mich auch einst? . . .
Hinweg ihr düstern Spuckgestalten,
Vergangener Zeiten grausig' Mahnen!
He, Page! Wein bring mir!
(Er hat geklingelt, worauf Raphael, links von der Eingangs-
thüre erscheint.)
Und halt!
Zwei Becher fülle!
(Raphael ab.)
Verscheuch' das goldene
Naß mir die Erinnerung!
(Raphael erscheint wieder durch dieselbe Thüre. Er trägt zwei
goldene Becher auf einem silbernen Teller und stellt dieselben
vor dem Großmeister auf den Tisch.)
Trink
Mit mir und sing ein Lied!

3*

Raphael.

Ein Lied
Nach Pagenweise, lustig, sing' ich euch,
Mein gnäd'ger Herr. Es soll zerstreu'n
Die finstere Wolk' auf eu'rer Stirn'.

Großmeister.

So stoße an vorher und singe!
(Raphael hat den zweiten Becher ergriffen, angestoßen und
getrunken.)

Raphael.

Trinklied.

Laßt perlen den goldenen Wein
Und lustig die Gläser erklingen!
Ihr Freunde laßt glücklich uns sein —
Begeistert trinken und singen.

Im Wein ist Gesang:
Beim Becherklang
Schwillt dir die Brust
In Sangeslust.

Im Wein ist die Liebe:
Die süßesten Triebe
Flößt er in's Herz —
Verscheucht den Schmerz.

Im Wein ist die Wahrheit:
Und allezeit —
Willst glücklich du sein —
Befrage den Wein.

D'rum trinket den goldenen Wein.
Laßt lustig die Gläser erklingen —

Im Wein ist Gesang,
Im Wein ist die Liebe,
Die Wahrheit allein,
Im Wein, im Wein!

Großmeister (mürrisch.)
Nicht kann ich heut' an solchem Sang'
Erfreuen mich. Was Trauriges,
Was Sanfteres singe mir.

Raphael.
Nicht kann
Ich, hoher Herr, mit solchen Weisen
Euch dienen. Fröhlich nur quillt mir
Aus junger Brust ein fröhlich' Lied.
Doch draußen sitzt geraume Zeit
Schon vor der Thür' ein grauer Greis
Mit seiner Harfe. Dieser kann
Vielleicht Erwünschteres euch singen.

Großmeister.
Wohlan, es sei. Führ' ihn herein.

(Raphael ab durch dieselbe Thüre, durch welche gleich darauf
der Sänger langsam und feierlichen Schrittes eintritt.)

3. Scene.

Wer bist du, sonderbarer Greis?

Der Sänger.
Ich bin dein Verhängniß.

Großmeister (erstaunt.)
Armer Mann,
Er scheint von Sinnen. Und du heißt?

Der Sänger.

Ich heiße Rache.

Großmeister.

Sonderbar. Schier grauenhaft
Scheint mir der Alte. Sprich! von wannen
Kommst du und was trieb in diese
Gegend dich?

Der Sänger.

Weit komm' ich her
Und was ich suche, ist: Vergeltung.

Großmeister.

Du sprichst in Räthseln guter Alter!
Wohlan! Laß' sehen, ob dein Sang
Verständlicher als deine Rede.

(Der Sänger nimmt seine Harfe von der Seite und begleitet
sich selbst. Der Großmeister hört ihm anfangs gleichgültig, dann
mit immer gesteigerter Spannung zu)

Der Sänger.
Ballade.

Hinter'm Meer und hinter Bergen
Lebten eintrachtsvoll zwei Brüder.
Die Verwaltung führt' Don Jago,
Bei der Harfe saß Fernando.
Der Gesang allein, das goldene
Saitenspiel sein Alles war.
Lebten lange so zufrieden,
Bis sie einmal sich entzweiten.

Großmeister.

Seltsam! dieses Lied mich mahnt an
Längstvergangene, dunkle Zeiten.

Der Sänger.

Ursach' ihres Streites war ein
Weib, schön wie ein Himmelsengel,
Wie die Schlang' im Paradiese,
So verlockend, so bezaubernd.
Trafen einst auf einem Wege
Nächtlich sich die beiden Brüder.
Schwertbewaffnet war derÄlt're,
Seine Harfe trug der Jüng're.
Tag's darauf verschwand Fernando.

Großmeister.

Weiter — weiter!

Der Sänger.

Und Don Jago führt auf seine
Burg das Mädchen. Einen Sohn und
Eine Tochter schenkte ihm des
Himmels Gnade — aber wehe!
Beide wurden ihm geraubt, drei
Tage kaum, daß sie geboren.

Großmeister.

(Der mit fürchterlicher Spannung den letzten Worten des
Sängers gelauscht.)

Ha! Meine Ahnung!

Der Sänger.

Neu' erfaßte nun Don Jago
Und als ihm sein Weib gestorben,

Nahm das Kreuz er, sucht' im wilden
Kampf zu sterben. Doch vergebens:
Kampfgewohnt und tapfer, ward er
Von den Rittern Sanct Johanni's
Auserwählt zum Ordensmeister.

Großmeister. (In höchster Erregung.)

Sänger! Teufel! wo sind
Meine Kinder?

(Er hat sich auf den Sänger gestürzt und reißt ihm den Schleier, der bisher das Gespenst ganz verhüllte, vom Gesicht. Ein heller Schein bricht von oben herab und beleuchtet die Gestalt des Sängers.)

Ha! Mein Bruder!
Teufel! — Gott! —

(Er taumelt zurück und bricht zusammen.)

Der Sänger.

Seine Kinder aber leben.
Gut kennst du sie selbst. Sie heißen:
Satanella und Roderigo.

Großmeister. (stöhnend.)

Ah! — —

Der Sänger.

Nun ist meine Mähr' zu Ende.
Abschied nehm' ich, — meine Sendung
Ist erfüllt. Wir aber werden
Morgen anderswo uns sehen!

(Er versinkt mit einer erlösenden Geberde. Mit ihm verschwindet der magische Schein. Die letzten Kerzen der Kronleuchter sind erloschen. Tiefes Dunkel. Der Großmeister liegt halb bewußtlos am Boden.)

Chor (hinter der Scene.)

Dies irae, dies illa
Solvet saeclum in favilla ect.

(Der Großmeister rafft sich bei den ersten Tönen des
Chores auf und stürzt zu einem großen, gothischen Flügel-
fenster, dasselbe weit aufreißend. Ein glühendrother Schein
schlägt ihm entgegen.)

Großmeister.

Haltet ein! Ha! — Man hört
Mich nicht! — Gott! — Fort! — Hinweg!

(Er stürzt bei der Eingangsthüre links hinaus. Das Dies irae
setzt sich im Orchester fort und entwickelt sich zu einem groß-
artigen Trauermarsch, welcher sich bis zum nächsten Aufgehen
des Vorhanges fortsetzt.

Verwandlung.

(Hof des Ordenshauses der Johanniter, zu beiden Seiten und
im Hintergrunde durch die inneren Fronten des Gebäudes recht-
winklig begrenzt. In der Mitte der Bühne steht ein hoher practi-
tabler Holzstoß, links im Vordergrunde ein hölzerner Pflock. Gleich
..achdem der Vorhang aufgegangen, bewegt sich der Zug unter dem
wüthenden Geschrei des Volkes, welches weiter hinten, durch einen
Cordon von Bewaffneten zurückgedrängt, steht, langsamen, gemes-
senen Schrittes gegen die Richtstätte, u. z. zuerst Bewaffnete,
die Ordensritter, dann Roderigo, Satanella, von einem Mönch
begleitet und schließlich abermals Bewaffnete. (NB. Roderigo
erscheint vollkommen gebrochen, während Satanella, das Haupt
stolz erhoben, verklärten Blickes dem Scheiterhaufen entge-
gengeht.)

4. Scene.

Chor des Volkes.

Fort in's Feuer mit der Hexe!
Fort in's Feuer! Auf! Verbrennt sie!

Chor der Mönche.

Dies irae, dies illa
Solvet saeclum in favilla ect.

(Mittlerweile wurde Roberigo an den Pflock, mit dem Gesichte
zum Scheiterhaufen gewendet, angebunden. Satanella wurde
dem Henker und seinen Gehülfen übergeben und sofort zum
Scheiterhaufen geführt.)

Satanella.

(Sich zum letzten Male losreißend, zu Roberigo gewendet, der
vollständig gebrochen am Pfahle lehnt.)

O mein Roberigo sei getrost!
Deine Satanella stirbt
Glücklich. Dich zu lieben — sagen
Sie — Verbrechen sei und lieben
Muß ich, wenn ich leben will, nur
Dich allein. D'rum opfere ich das
Leben, tausendfach beglückt und
Gehe selig ein in ewige
Höhen, wo im reinen Glanz der
Sterne, unbekannt der Menschen
Haß, der Menschen Unverstand,
Ewig, heilig thront die Liebe!

(Der Henker ist an Satanella herangetreten, ihr deutend, daß
es Zeit sei. Diese nimmt mit einer letzten, leidenschaftlichen
Bewegung Abschied von Roberigo, der im fürchterlichsten Seelen-
schmerz sich seiner Fessel zu entledigen sucht und wird vom
Henker auf den Holzstoß geleitet, dessen Fuß die Henkersknechte
sofort in Brand setzen.)

Roberigo.

Nicht ertrag' ich länger diese Schmerzen!
Weit von mir dies schaale Leben
Schleud're ich — es ist mir nichts mehr
Ohne dich.

Satanella.

(Bereits am Fuße des Scheiterhaufen's angekommen, sich zu
Roberigo wendend.)

Leb' wol, leb' wol, o mein Geliebter!

Roberigo.

Vereint mit dir will
Sterben ich. Ich komme, komme,
Süßes Lieb! Verleihe Kraft mir

(Die Flammen des Scheiterhaufens schlagen immer höher hinauf,
um im Momente, da Roberigo denselben ersteigt, die Höhe zu
erreichen.)

Meine Liebe! — Reißt ihr Fesseln!
Spannet eure letzte Kraft ihr
Arme! — Hilf mir Gott! — Ah! —

(Er hat sich mit verzweifelter Kraft losgerissen und stürzt sich,
alles um sich her niederwerfend, auf den Scheiterhaufen, wo er
sich neben Satanella stellt und sie mit seinen Armen umschlingt.)

Chor der Bewaffneten.

Haltet ihn! Er ist von Sinnen!

Chor des Volkes.

Seht! O Schrecken! Haltet ihn!

Roberigo u. Satanella.

Theuer bist du mir für ewig,
Ewig sind wir nun vereint und
Siegreich steig' aus diesen Flammen
Liebeglühender Seelen heiß' Verlangen:
O Satanella \
O Roberigo / die Erlösung!

(Bei dem Worte „Erlösung" stürzt der Großmeister aus der
Burg heraus. Die Flammen schlagen über dem Liebespaare
zusammen und der Scheiterhaufen stürzt krachend ein, so daß
die Funken hochaufstieben. Die vier Posaunenbläser blasen die
Fanfare zum Zeichen, daß die Hinrichtung vollzogen. Der
Großmeister bricht lautlos zusammen. Alles steht erschüttert.
Der Vorhang fällt bis zum vorletzten Takt des Nachspiels so
langsam als möglich.)

Ende der Oper.